essentials

essentials liefern aktuelles Wissen in konzentrierter Form. Die Essenz dessen, worauf es als „State-of-the-Art" in der gegenwärtigen Fachdiskussion oder in der Praxis ankommt. *essentials* informieren schnell, unkompliziert und verständlich

- als Einführung in ein aktuelles Thema aus Ihrem Fachgebiet
- als Einstieg in ein für Sie noch unbekanntes Themenfeld
- als Einblick, um zum Thema mitreden zu können

Die Bücher in elektronischer und gedruckter Form bringen das Expertenwissen von Springer-Fachautoren kompakt zur Darstellung. Sie sind besonders für die Nutzung als eBook auf Tablet-PCs, eBook-Readern und Smartphones geeignet. *essentials:* Wissensbausteine aus den Wirtschafts-, Sozial- und Geisteswissenschaften, aus Technik und Naturwissenschaften sowie aus Medizin, Psychologie und Gesundheitsberufen. Von renommierten Autoren aller Springer-Verlagsmarken.

Weitere Bände in dieser Reihe http://www.springer.com/series/13088

Axel Tüting

Joomla! für Redakteure

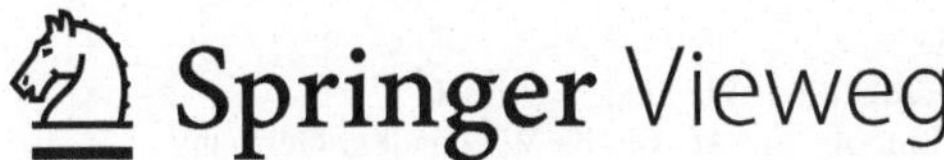

Axel Tüting
Bruchsal, Deutschland

ISSN 2197-6708   ISSN 2197-6716   (electronic)
essentials
ISBN 978-3-658-17511-5   ISBN 978-3-658-17512-2   (eBook)
DOI 10.1007/978-3-658-17512-2

Die Deutsche Nationalbibliothek verzeichnet diese Publikation in der Deutschen Nationalbibliografie; detaillierte bibliografische Daten sind im Internet über http://dnb.d-nb.de abrufbar.

Springer Vieweg

Gedruckt auf säurefreiem und chlorfrei gebleichtem Papier

Springer Vieweg ist Teil von Springer Nature
Die eingetragene Gesellschaft ist Springer Fachmedien Wiesbaden GmbH
Die Anschrift der Gesellschaft ist: Abraham-Lincoln-Str. 46, 65189 Wiesbaden, Germany

Was Sie in diesem *essential* finden können

- Einen Einblick in die Erstellung von Beiträgen mit dem Content Management System Joomla!
- Hinweise zur Nutzung des Backend und des Frontend in Joomla!

Vorwort

Für wen ist dieses Buch?

Joomla! bietet ungemein viele Einstellmöglichkeiten. Hinzukommend lassen sich sehr vielfältige Seiten erstellen. Mehrsprachigkeit, umfangreiche Rechteverwaltungen, Benutzergruppen und Zugriffsebenen und einige Tausend Erweiterungen können das System schnell beinahe unübersichtlich erscheinen lassen, für den, der eigentlich nur ein „paar" Beiträge schreiben möchte.

Allein für diesen Vorgang gibt es bereits zahlreiche Einstellungsmöglichkeiten und nicht gerade wenig zu beachten. Jedoch zeigen zahlreiche Schulungserfahrungen, dass gerade die oftmals einfach erscheinenden Dinge, des einfachen Beitrages, schon eine Menge Know-how voraussetzt, mit denen ein Autor oft genug zunächst überfordert ist – einzig aus der Tatsache heraus, dass es so ungeheuerlich viel zum Einstellen gibt.

In diesem *essential* kümmere ich mich ausschließlich um eben diesen Bereich: das Schreiben von Beiträgen. Dabei ignoriere ich bewusst die zahlreichen Einstellmöglichkeiten, sofern sie nichts mit den Beiträgen direkt zu tun haben. Sie werden hier also nichts zum Thema Mehrsprachigkeit, Templating, Rechteverwaltung oder Multi-Domain-Fähigkeiten erfahren. Dafür gibt es andere Bücher mit detaillierten Beschreibungen.

Dieses Buch ist hingegen sehr überschaubar gehalten und soll dem Redakteur die einfache Nutzung mit Joomla! veranschaulichen und einen schnellen Einstieg in dieses wunderbare System ermöglichen.

Dennoch werde ich an einigen Stellen in den Administrator-Bereich abschweifen. Das tue ich deshalb, weil es zum einen natürlich Einstellungen gibt, die unmittelbar das Erstellen von Beiträgen betrifft und zum anderen, weil ich Ihnen damit weitere Möglichkeiten aufzeigen möchte, die besonders in einem

umfangreicheren Redaktionssystem interessant sein können oder aber weil Sie
damit auf einfache Weise bestehenden Problemen begegnen können. Als Beispiel
mag hier das Kapitel zum Editor gelten. Im Redaktionssystem gibt es eine Fülle
von Einstellungen und das allermeiste ist den Administratoren vorenthalten. Aber
gerade auch hier gibt es die Möglichkeit vielen Problemen eines Redaktionssys-
tems zu begegnen, weshalb ich zumindest einige Punkte hier anreißen werde.

Bruchsal, Deutschland   Axel Tüting

Inhaltsverzeichnis

Beiträge können sowohl im *Backend*[1], als auch über das *Frontend*[2] geschrieben werden. Das Frontend ist interessant für Autoren, Editoren und Publisher. Weiter unten werden wir uns diesen Workflow genauer anschauen.

Die Eingabemaske zum Erstellen eines neuen Beitrages im Frontend kann optisch ein wenig angepasst werden. Diese Einstellungen finden sich allerdings im Backend, wo ich auch näher darauf eingehen werde.

Sie können zu allem über das Kontrollzentrum gelangen. In das *Kontrollzentrum* gelangen Sie meist direkt nach dem Einloggen in das Backend oder stets über das Menü: *System/Kontrollzentrum*. Für eine schnelle effektive Arbeit macht es aber Sinn, sich mit dem Menü ein wenig vertraut zu machen. Sie kommen im Menü von jeder Stelle aus überall hin und können auch direkt neue Beiträge oder Kategorien anlegen. Andernfalls müssen Sie erst stets zum *Kontrollzentrum* zurückgehen. Der Weg über das Kontrollzentrum erfordert zum Anlegen neuer Beiträge oder Menüs mehrere Klicks.

---

[1]Der Administrationsbereich, der über die Browsereingabe http://www.Domain.de/ administrator erreichbar ist.

[2]Der Bereich, der sichtbar ist, wenn jemand die Website direkt aufruft. Zum Frontend gehört auch der Log-in-Bereich für registrierte Benutzer.

Kategorien und Beiträge – Alles für Alle 1

Ohne Kategorie gibt es keinen Beitrag. Ein Beitrag muss zwingend einer Kategorie zugeordnet sein. Kategorien können über die Menüführung angesprochen werden und es ist eine Möglichkeit in Joomla! die Navigation entsprechend zu führen.

Klicken Sie generell oben links auf den grünen Button mit der Aufschrift *Neu*. Legen wir eine neue Kategorie oder einen neuen Beitrag an, finden wir bei beiden gleiche Einstellungen. Geben Sie zunächst den *Titel* ein. Den *Alias* lassen Sie am besten leer – Joomla! beschreibt diesen selbst und setzt ihn aus dem Titel zusammen. Dabei werden Umlaute in ae, oe, ue und das „ß" in „ss" gewandelt, Leerzeichen werden mit einem Minuszeichen ersetzt. Dieser *Alias* taucht in der Adresszeile des Browsers, also der URL[1], wieder auf. Sie sollten einen Beitrags- oder Kategorietitel nicht zu lang wählen. Besser ist es, mit wenigen Worten einen prägnanten Titel zu finden.

Im rechten Bereich finden Sie den *Status*. Der *Status* bestimmt, ob der Beitrag sichtbar ist oder vorerst gesperrt bleibt, weil Sie vielleicht noch daran weiterarbeiten möchten. Sie können den Beitrag auch in den *Papierkorb* verschieben. Das ist vergleichbar mit Windows, wo Sie etwas, das Sie löschen möchten, zunächst in den Papierkorb legen und dort auch wiederherstellen können, falls Sie sich anders entscheiden. Erst wenn Sie den Inhalt im Papierkorb explizit löschen, ist die Datei unwiderruflich gelöscht. Über den *Status* können Sie einen Beitrag oder eine Kategorie auch *Archivieren*. Dazu gehe ich weiter unten näher ein.

Über die *Zugriffsebene* steuern Sie, wer was sehen darf. Eine Kategorie oder ein Beitrag kann für alle sichtbar sein: *Public* oder nur für registrierte Benutzer:

---

[1]*URL* steht für *Uniform Resource Locator* und ist die Adresse, die im Browser erscheint und zum Aufruf einer Website dient.

© Springer Fachmedien Wiesbaden GmbH 2017
A. Tüting, *Joomla! für Redakteure*, essentials,
DOI 10.1007/978-3-658-17512-2_1

Registered. Mit *Special* sind Ihre Beiträge/Kategorien nur für Autoren, Editoren, Publisher, Manager, Administratoren und Super User sichtbar. Also gemeinhin die Menschen, die produktiv an der Website arbeiten. Wenn Sie die *Zugriffsebene* auf *Super User* einstellen, können nur Super User diese Kategorie oder Beiträge sehen. Es ist durchaus denkbar, dass auf einer Website mehrere Super User eingetragen sind. So können diese spezielle Informationen erhalten, die nur für sie bestimmt sind. Die Zugriffsebene *Guest* ist eine Variation von *Public*. Ob diese überhaupt benutzt wird und oder relevant ist, erfahren Sie von Ihrem Administrator. Es kann sein, dass Sie in der *Zugriffsebene* noch weitere Auswahlmöglichkeiten haben. Dann fragen Sie auch hier bitte Ihren Administrator oder Webmaster, was genau was bewirkt, da in der Rechteverwaltung sehr individuelle Einstellungen vorgenommen werden können.

Wenn Sie eine mehrsprachige Website haben, dann wählen Sie die Sprache aus, für die diese Kategorie oder Beitrag gilt. Haben Sie keine mehrsprachige Site, lassen Sie die Einstellung standardmäßig auf *Alle* stehen.

Arbeiten Sie mit *Schlagwörtern* – wählen Sie hier die passenden aus oder vergeben Sie neue Schlagwörter. Ein neues Schlagwort schließen Sie stets mit einem ENTER auf der Tastatur ab.

Wenn Sie möchten, können Sie eine kleine Notiz zu Ihrer neuen Kategorie/ Beitrag hinzufügen. Diese sehen Sie in der Übersicht neben dem Alias. Etwas unglücklich angezeigt, können Sie aber dennoch hier einen kleinen Anhaltspunkt zur Kategorie oder zum Beitrag mit angeben.

Der *Versionshinweis* ist dann interessant, wenn Sie beispielsweise mit einem Workflow zur Freigabe eines Beitrages arbeiten und hier ein paar kurze Angaben machen möchten. Aber auch dazu mehr weiter unten.

1.1   Die unkategorisierte Kategorie

Menü: *Inhalt/Kategorien*
Oder im *Kontrollzentrum* → *INHALT* → *Kategorien*
Am Anfang steht die Kategorie. Nach der Installation von Joomla! steht standardmäßig die Kategorie *Uncategorised* zur Verfügung. Ein scheinbarer Widerspruch. Doch in Wirklichkeit handelt es sich um eine Kategorie. Wenn Sie neue Kategorien anlegen, steht die *Uncategorised* immer oben. Wenn Sie einen Beitrag schreiben und diesen vergessen einer Kategorie zu zuordnen, dann wird dieser Beitrag automatisch der ersten Kategorie zugeordnet. Das ist dann standardmäßig die Kategorie *uncategorised*. Wenn Sie viele Beiträge haben, können Sie so auch überprüfen, ob alle Beiträge entsprechend zugeordnet sind und somit auch

einwandfrei veröffentlicht werden. Sie können die Kategorie selber auch umbenennen, wenn Sie möchten. Sie können sie auch löschen – dann wird ein Beitrag ohne zugeordneter Kategorie automatisch in der obersten Kategorie abgelegt. Sie haben also auch hier alle Freiheiten. Ich persönlich lasse aber *Uncategorised* stets an erster Stelle stehen. So manche Standardeinstellung macht durchaus Sinn. Sie können in der Kategorieübersicht die Reihenfolge der Kategorien verändern. Dazu müssen Sie mit der linken Maustaste auf die drei senkrechten Punkte klicken und festhalten – dann können Sie eine einzelne Kategorie verschieben (Abb. 1.1). Wobei bei verschachtelten Kategorien dann immer die ganze Gruppe verschoben wird oder, wenn Sie innerhalb der Gruppe eine untergeordnete Kategorie auswählen, können Sie diese auch nur innerhalb der Kategorieebene und -gruppe verschieben. Wenn die drei Punkte ausgegraut sind und sich nicht verschieben lassen, müssen Sie zunächst oben in der Spalte auf den kleinen Doppelpfeil klicken – damit aktivieren Sie die Verschiebungsmöglichkeit der Kategorien.

Sie haben die Möglichkeit einen Text, eine Kategoriebeschreibung, einzugeben. Wenn Sie beispielsweise eine Sportvereinsseite haben, könnten Sie in einer Kategorie, die sich um „Volleyball" dreht, ein paar Informationen zu dieser Sportart schreiben und vielleicht ein Bild angeben. Diese Beschreibung kann angezeigt werden, wenn Sie einen Menüeintrag als *Kategorieblog* oder *Kategorieliste* anlegen. Unter dem Kapitel „Menü" finden Sie dazu weitere Informationen. Die Beschreibung steht dann immer oben über die zugehörigen Beiträge.

Wenn Sie schon die ein oder andere Kategorie angelegt haben, haben Sie die Möglichkeit rechts eine *übergeordnete* Kategorie auszuwählen. Damit erstellen

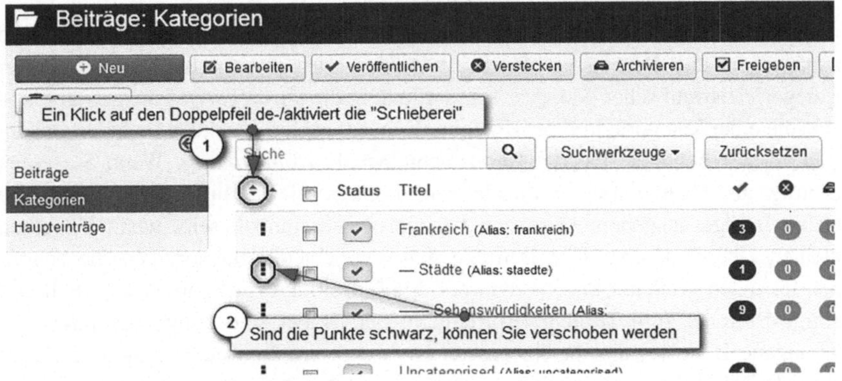

Abb. 1.1   Kategorien verschieben

Sie eine Hierarchie aus Haupt- und Unterkategorien und können somit Ihre Beiträge optimal sortieren und einordnen. Wie tief Sie die Kategorien schachteln, bleibt Ihnen überlassen. Hier sind keine Grenzen gesetzt.

> **Tipp** Ich selber arbeite stets mit den beiden Kategorien „News" oder „Neuigkeiten" und einer Kategorie, die ich „Administratives" nenne. Zur letzten Kategorie ordne ich Beitrage wie das Impressum, die AGB, die Datenschutzerklärung und ähnliches zu.

1.2   Der Beitrag

Menü: *Inhalt/Beiträge*

Oder im Kontrollzentrum: → INHALT → Beiträge

Wenn Sie einen neuen Beitrag schreiben möchten, erscheint zunächst das Editorfenster, welches im ersten Tab liegt. Wenn Sie auf die anderen Tabs klicken, sehen Sie eine Fülle von Einstellungen. Dabei sind einige, die eher für die Gesamtwebsite interessant sind, wie beispielsweise die Suchmaschinenangaben, die Sie unter den Metaangaben in Tab *Veröffentlichung* finden. Aber in jedem Tab gibt es auch Einstellungen, die sich direkt auf den Beitrag auswirken. Kümmern wir uns zunächst um die direkten Veröffentlichungsvariationen. Wobei ich alles rund um die Eingabe und der Arbeit mit Bildern oder Videos in Kap. 7 beschreibe.

Ein Beitragstitel ist Pflicht. Für den Alias gilt das Gleiche, wie bei den Kategorien beschrieben. Lassen Sie das Feld leer, setzt Joomla! den Alias aus dem Titel zusammen, aber Sie können auch bewusst hier einen Alias vorgeben, der dann, wie beschrieben, in der URL ausgegeben wird.

Der rechte Bereich ist identisch mit den Kategorien. Entscheiden Sie also zunächst, ob der Beitrag veröffentlicht werden oder gesperrt bleiben soll. In der Kategorieauswahl sehen Sie, dass standardmäßig die *uncategorised* ausgewählt ist – also die erste Kategorie in Ihrer Kategorieliste, sofern Sie das nicht verändert haben.

Darunter befindet sich die Kennzeichnung als *Haupteintrag*. Wenn Sie einen Beitrag als Haupteintrag kennzeichnen, können Sie mithilfe des Menüs alle Haupteinträge ausgeben. Das kann beispielsweise sinnvoll sein, wenn Sie einen kleinen Überblick über Ihre Beiträge geben möchten. Angenommen Sie schreiben für einen größeren Sportverein, der einige Beiträge zur Sparte Wasserball und einige Beiträge zum Turnen veröffentlicht hat. Dabei sind einige besonders gut gelungene Beiträge, die die Sportarten ein wenig erklären oder es sind vielleicht aktuelle Beiträge mit den nächsten Veranstaltungen und Spielen dabei – dann kennzeichnen Sie diese Beiträge als Hauptbeiträge und legen Sie einen Menüverweis auf die Hauptbeiträge an. So etwas wird auch sehr gern für die Startseite benutzt, weil sich damit ein ausgesuchter Ein- und Überblick über die Inhalte darstellen lässt.

Ebenso, wie in den Kategorien beschrieben, regelt die *Zugriffsebene,* wer den Beitrag lesen kann und darf. Gleiches gilt für die *Sprachauswahl.* Auch bei den Beiträgen geben Sie die *Schlagwörter* entweder aus einer vorhandenen Liste ein oder Sie schließen ein neues Schlagwort mit der ENTER-Taste ab. Wenn Sie ein oder mehrere Schlagwörter eingegeben haben, können Sie beim nächsten Beitrag diese Schlagwörter direkt auswählen, aber auch weiterhin jederzeit mit der abschließenden ENTER-Taste neue Schlagwörter angeben.

Schlagwörter

Nun habe ich schon oft die Schlagwörter erwähnt, aber was genau kann man damit eigentlich machen?

Haben Sie zwei Beiträge mit gleichen Schlagwörtern, können Sie mit dem Modul *Schlagwörter – Ähnliche Beiträge* (Sie finden es im Menü unter: *Erweiterungen/*Module → Neu oder im Kontrollzentrum über: Struktur → Module → Neu anzeigen), die ein oder mehrere Stichworte enthalten, wie der angezeigte Beitrag. Dazu ein paar Beispiele:

Ich schreibe drei Beiträge:

1. Ein Beitrag zum *Wasserball* mit den Schlagwörtern *Wasser* und *Ballsport*
2. Ein Beitrag zum *Rasenhockey* mit dem Schlagwort *Ballsport*
3. Und einen Beitrag zum *Kanusport* mit dem Schlagwort *Wasser*

Je nach Auswahl der Beiträge werden im Modul nun unterschiedliche Beiträge angezeigt:

- Wählen Sie den Beitrag zum Rasenhockey aus, wird im Modul der Beitrag zum Wasserball angezeigt, da diese beiden Beiträge das Schlagwort Ballsport enthalten.
- Wählen Sie den Beitrag zum Wasserball aus, werden die anderen beiden Beiträge im Modul als *ähnliche Beiträge* angezeigt, da der eine das Schlagwort *Ballsport* und der andere das Schlagwort *Wasser* enthält.
- Wählen Sie hingegen den Beitrag zum *Kanusport* aus, wird nur der Beitrag zum *Wasserball* im Modul angezeigt, weil der *Kanusport* lediglich das Schlagwort *Wasser* enthält.

Die *ähnlichen Beiträge* beziehen sich also stets auf den ausgewählten Beitrag (Abb. 1.2).

Abb. 1.2 Gleiche Schlagwörter führen zu ähnlichen Beiträgen

Damit kann auf einfache Weise auf weiterführende Beiträge oder mehr Information zu einem bestimmten Thema hingewiesen werden.

Sie können das gleiche Ergebnis statt mit den Schlagwörtern, auch mit Stichwörtern in den *Meta-Schlüsselwörter* erreichen, die Sie bei dem Beitrag im Tab *Veröffentlichen* finden. Jedoch werden diese Schlüsselwörter auch zur Suchmaschinenoptimierung benutzt, Sie können nicht komfortabel aus einer Liste auswählen und Sie können sich diese Stichwörter nicht mit beim Beitrag ausgeben lassen. In der Abb. 1.2 können Sie sehen, welche Schlagwörter zu einem Beitrag gehören – und Sie können diese Schlagwörter auch direkt anklicken und sehen dann eine Übersicht der zugehörigen Beiträge. Das ist beispielsweise dann interessant, wenn Sie Beiträge in einer Blogansicht anzeigen. In einer Blogansicht kann das Modul natürlich nicht funktionieren, welches nur bei einer Einzelansicht des Beitrages greifen kann. In der Blogansicht haben Sie aber bei jedem Beitrag die Schlagwörter stehen, die Sie einzeln anklicken können und dann eine Übersicht der zum Schlagwort passenden Beiträge erhalten. Dieses können Sie nicht erreichen, wenn Sie mit den *Meta-Schlüsselwörtern* arbeiten.

Versionen – Versionshinweis
Haben Sie mehrere Editoren, Publisher oder Administratoren, die an den Beiträgen arbeiten, können Sie dennoch den Überblick über Änderungen einzelner Versionen behalten. Es ist möglich, einen Kommentar in das Feld *Versionshinweis* einzutragen. Beispielsweise können so Änderungen kurz dokumentiert werden.

Eintragsversionsverlauf

		⬆ Wiederherstellen	🔍 Vorschau	🔍 Vergleichen	🔒 Speichern An/Aus	✖ Löschen
☐ Datum	Versionshinweis	Immer speichern	Autor			Zeichenanzahl
☐ 2016-06-09 17:53:15 ★	Änderung	Nein	Testuser			1.725
☐ 2016-06-09 17:50:24	Ursprungstext	Nein	Super User			1.709

Abb. 1.3 Versionshinweise – wer hat wann was gemacht

Wenn Sie einen Beitrag editieren, sehen Sie oben in der Buttonleiste unter dem Menü und über dem Beitrag einen Button *Versionen*. Klicken Sie diesen an, erhalten Sie einen Überblick über die bisherigen Änderungen am Beitrag und wer sie durchgeführt hat (Abb. 1.3).

Zu Demonstrationszwecken habe ich einen Testuser angelegt (Abb. 1.4). Der hat ein Wort zum Ursprungstext dazu geschrieben. Das lässt sich auch deutlich an der Anzahl der Zeichen erkennen. Außerdem haben sowohl der Super User,

Vergleichsansicht   Geänderte Werte   ✏ HTML-Code anzeigen

Feld	Gespeichert am 2016-06-09 17:50:24 Ursprungstext	Gespeichert am 2016-06-09 17:53:15 Änderung	Änderungen
ID	18	18	18
Titel	Kanusport	Kanusport	Kanusport
Alias	kanusport	kanusport	kanusport
Einleitungstext	Lirum larum Löfelstil	Lirum larum Löfelstil - Änderung	Lirum larum Löfelstil - Änderung
Kompletter Text			
Status	Veröffentlicht	Veröffentlicht	Veröffentlicht
Kategorie	Uncategorised	Uncategorised	Uncategorised
Erstellungsdatum	2016-06-09 17:05:28	2016-06-09 17:05:28	2016-06-09 17:05:28
Autor	Super User	Super User	Super User
Autoralias			
Bearbeitungsdatum	2016-06-09 17:50:24	2016-06-09 17:53:15	2016-06-09 17:50:243:15
Bearbeitet von	Super User	Testuser	Super UTestuser
Veröffentlichung starten	2016-06-09 17:05:28	2016-06-09 17:05:28	2016-06-09 17:05:28
Veröffentlichung beenden	0000-00-00 00:00:00	0000-00-00 00:00:00	0000-00-00 00:00:00
Bildoptionen			
Textumfließung des Bildes	Globale Einstellung	Globale Einstellung	Globale Einstellung
Textumfließung des Bildes	Globale Einstellung	Globale Einstellung	Globale Einstellung
URL-Optionen			

Abb. 1.4 Änderungen werden sichtbar

als auch der Testuser einen kurzen Kommentar bei den Versionshinweisen hinterlassen. Die derzeit aktuelle Version ist durch einen goldenen Stern erkennbar. Sie können die einzelnen Versionen dauerhaft speichern, um auch zu einem späteren Zeitpunkt die Versionen zu überprüfen. Andernfalls werden die einzelnen Versionen nach einer gewissen Zeit (meist einmal am Tag) gelöscht.

In meinem kleinen Beispiel habe ich einfach das Wort „Änderung" zum Beitrag dazugeschrieben. Dieses Wort, wer es war (Testuser) und wann er es gemacht hat (gleiche Tag, um 17:53 und 15 s). Sie können jederzeit zu einer bestimmten Version zurückkehren. Einfach die entsprechende Version auswählen und *Wiederherstellen* anklicken.

Zeitgesteuerte Veröffentlichung

Im Tab *Veröffentlichen* haben Sie die Möglichkeit einen Beitrag zu einem bestimmten Termin erscheinen zu lassen, bzw. die Veröffentlichung zu beenden.

So können Sie beispielsweise den Neujahrtext im Sommer schreiben, aber erst Ende Dezember erscheinen lassen und Anfang Januar auch wieder verschwinden lassen.

Einziger Nachteil: Sie müssen das jedes Jahr wiederholen. Sie können also kein regelmäßiges Zeitintervall einstellen. Andernfalls ändert sich aber ohnehin die Jahreszahl und somit sollte ein entsprechender Text inhaltlich auch angepasst werden.

In diesem Tab haben Sie noch die Möglichkeit einen bestimmten Autor auszuwählen. Das kann beispielsweise interessant sein, wenn Sie den Text als Dokument erhalten haben, mit der Bitte, diesen in Joomla! hineinzukopieren. Vielleicht ist der Kollege ja gerade auf Dienstreise und kommt nicht an das Intranet heran.

Ebenso gibt es die Möglichkeit ein Autorenkürzel anzugeben.

Darunter haben Sie einen kleinen Überblick, wann der Beitrag veröffentlicht wurde, wie viele Zugriffe er schon hatte und wer ihn zuletzt bearbeitet hat.

Bilder und Links über den gleichnamigen Tab setzen

Eine sehr einfache und schöne Möglichkeit ein Bild an den Anfang eines Beitrages zu setzen, funktioniert über den Tab *Bilder und Links*. Es gibt zwei Anzeigenvarianten für den Beitrag und somit zwei mögliche Bilder. Zum einen die Blogansicht, wo alle Beiträge zu einer Kategorie zusammen angezeigt werden und die Einzelansicht eines Beitrages, die Sie sowohl über eine entsprechende Menüverlinkung, als auch durch Anklicken des Beitrages in der Blogansicht, erreichen können.

Ein Bild welches am Anfang des Textes in der Blogansicht angezeigt wird: *Einleitungsbild* und eines in der Einzelansicht: *Komplettes Beitragsbild*.

Das Umfließen des Textes mag für Sie vielleicht etwas verwirrend sein: *Links* bedeutet, dass das Bild links ausgerichtet wird und der Text rechts um das Bild herumfließt. *Rechts* ist demzufolge umgekehrt: Das Bild wird rechts ausgerichtet und der Text fließt links herum. *Keine* bedeutet, dass das Bild mittig über den Beitrag ausgerichtet wird und der Text unten drunter beginnt. Möglichkeiten, wie in einer Textverarbeitung, dass Text sowohl links, als auch rechts um das Bild fließt oder auch dahinter/darüber, sind auf einer Webseite nicht möglich. Für die Textumfließung ist natürlich ein Bild erforderlich, welches klein genug ist, damit der Text fließen kann.

Die *Bildunterschrift* gibt den eingegebenen Text unter dem Bild aus. Der *Alternative Text* ist hingegen zunächst nicht sichtbar. Zum einen wird der eingeblendet, wenn das Bild aus unerfindlichen Gründen nicht im Browser angezeigt werden kann, aber viel wichtiger ist, dass dieser Text von einem Screenreader oder von einem Zeilenlesegerät – Braille – vorgelesen wird. Beides wird von blinden Menschen benutzt. Das Zeilenlesegerät gibt über kleine „Stifte" die Buchstaben aus und wird von blinden Menschen ertastet. Ein Bild kann man so natürlich nicht ausgeben und ein Screenreader kann ein Bild auch nicht vorlesen. Beide können aber den *alternativen Text* wiedergeben, weshalb es wichtig ist, hier etwas Sinnvolles mit Bedacht hineinzuschreiben!

Mit den *Links* haben Sie die Möglichkeit bis zu drei Links über oder unter dem Beitrag zu setzen. Dabei geben Sie zunächst die URL an – also den eigentlichen Link und dann den Verweistext, auf dem mit der Maus geklickt werden kann.

Mit dem *URL-Zielfenster* geben Sie an, was passieren soll, wenn der Link angeklickt wurde. Soll dann ein neuer Tab im Browser aufgehen *(In neuem Fenster öffnen)* oder soll sich ein kleines Fenster über den Beitrag legen *(als Pop-up-Fenster öffnen)*. Ebenso können Sie den Inhalt in einem *Modalfenster* anzeigen. Dazu wird ein Bereich über ihren Beitrag gelegt und der Inhalt im Hintergrund leicht ausgegraut. Sie kennen diese Technik sicherlich von Bildern her, die nach dem anklicken größer werden und sich vor dem Beitrag legen. Heraus kommen Sie aus diesem Modalfenster immer, wenn Sie mit der Maus einmal ins leere, also neben dem Modalfenster, klicken.

Die *globalen Einstellungen* beziehen sich immer auf die Einstellungen in den *Optionen,* die Sie in der Beitrags-/Kategorienübersicht oben rechts finden. Wobei die *Optionen* sowohl für die Kategorien, als auch die Beiträge gelten.

Nehmen Sie Einstellungen im Beitrag oder in der Kategorie vor, die in den Optionen anders definiert sind, dann überschreiben Sie die globalen Einstellungen. Damit haben Sie die Möglichkeit einigen Beiträgen in bestimmten Bereichen ein anderes Aussehen und oder Verhalten zu geben.

Alles Weitere, was es hier noch einzustellen gibt, wird in diesem *essential* nicht betrachtet.

Beiträge archivieren

Sie können jederzeit Beiträge archivieren. Dazu klicken Sie die zu archivierenden Beiträge an, in dem Sie selbige in der Beitragsübersicht (Menü: *Inhalt/Beiträge*) in der Checkbox kennzeichnen und dann oben in der Buttonzeile auf *Archivieren* klicken. Die Beiträge verschwinden dann zunächst in der Beitragsübersicht. Sichtbar machen Sie die archivierten Beiträge wieder, in dem Sie auf den Button *Suchwerkzeuge* klicken und dann im Feld *Status wählen – Archiviert –* auswählen. Alternativ können Sie auch *Alle* auswählen. Dann sehen Sie auch gelöschte Beiträge.

Legen Sie nun einen Menüverweis zum Archiv an. Dazu gehen Sie in Ihr *Main Menü* und wählen *neuer Menüeintrag* aus. Klicken Sie auf den *Menüeintragstyp* und wählen *Beiträge → Archivierte Beiträge* aus. Vergeben Sie dem Menüverweis noch einen Titel, beispielsweise: „Archiv" und speichern Sie den neuen Menüverweis. Im Frontend sehen Sie nun Ihre archivierten Beiträge nach dem anklicken des neuen Menüverweises. Dort können Sie nun auch per Filter archivierte Beiträge aus einem bestimmten Jahr und oder Monat auswählen, sowie die maximale Anzeige von Beiträgen auf einer Seite. Der Filter greift auf das *Sortierdatum* zu, welches Sie im Menüverweis im Tab *Archiv* einstellen. Also wahlweise nach dem Erstellungsdatum, Bearbeitungs- oder Veröffentlichungsdatum. Was Sie leider nicht machen können in Joomla!, ist eine Vorsortierung. Also alle archivierten Beiträge eines bestimmten Monats. Sie können nur alle archivierten Beiträge so ausgeben und es dem Besucher Ihrer Webseite überlassen, den Filter entsprechend zu benutzen.

Wenn Sie viel schreiben, bietet das Archivierungssystem dennoch eine gute Möglichkeit, um etwas Ordnung und Übersicht in seine Beiträge zu bringen.

Um einen neuen Menüverweis anzulegen klicken Sie entweder im oberen Menü auf *Menü/Main Menü/Neuer Menüeintrag* oder klicken Sie zunächst auf das Menü (im Beispiel: *Main Menu*) in dem Sie einen neuen Menüverweis anlegen wollen und wählen dann oben links den grünen Button mit der Aufschrift *Neu* aus.

Zunächst tragen Sie den Titel Ihres Menüverweises ein. Halten Sie sich dabei kurz. Idealerweise besteht Ihr neuer Menüeintrag aus nur einem Wort.

Darunter wählen Sie den *Menüeintragungstyp* aus.

Je nachdem, was alles bereits installiert wurde, haben Sie im Menüeintragstyp eine überschaubare oder auch längere Liste von Auswahlmöglichkeiten. Für dieses Buch ist ausschließlich der Bereich *Beiträge* interessant. Dort finden Sie auch den bereits erwähnten Menüeintragstyp für das Archiv wieder.

2.1 Einzelbeitrag

Wenn Sie einen einzelnen Beitrag per Menü verlinken möchten, müssen Sie *Einzelner Beitrag* auswählen. Danach wählen Sie den Beitrag aus, den Sie verlinken möchten. Haben Sie viele Beiträge geschrieben und finden den zu verlinkenden Beitrag nicht, können Sie auch den Suchfilter benutzen. Meist reicht die Eingabe von drei Buchstaben, um die Suche entscheidend einzugrenzen. Sie können aber auch nach der Kategorie oder der Zugriffsebene, dem Status oder der Sprache suchen.

© Springer Fachmedien Wiesbaden GmbH 2017
A. Tüting, *Joomla! für Redakteure*, essentials,
DOI 10.1007/978-3-658-17512-2_2

2.2   Kategorieblog

Nach Auswahl des *Kategorieblog* müssen Sie noch die Kategorie auswählen, die im Blog angezeigt werden soll.

Auch wenn ich davon ausgehe, dass Sie einen Administrator haben, der die ganzen Details einstellt, gibt es hier dennoch ein paar sehr interessante Einstellungsmöglichkeiten. Im Tab *Blog-Layout* stellen Sie das wesentliche Erscheinungsbild des Blogs dar. *Führende, Einleitung, Spalten* und *Links* mögen auf dem ersten Blick etwas verwirrend erscheinen, geben aber dem Aussehen des Blogs eine gewisse Würze.

Gehen wir davon aus, Sie stellen ein, dass der Blog über zwei Spalten gehen soll, dann gehen die *führenden* Beiträge über alle Spalten, also über zwei Spalten in unserem Beispiel. Mit *Einleitung* geben Sie die Anzahl der Beiträge vor, die in den Spalten stehen. Schreiben Sie beispielsweise die Zahl „4" dort hinein, würde das in unserem Beispiel bedeuten, dass vier Beiträge in zwei Zeilen und jeweils zwei Spalten angezeigt werden. Die Zahl „6" bedeutet: Drei Zeilen mit jeweils zwei nebeneinanderliegenden Beiträgen – also zwei Spalten. Mit einer Zahl in *Links* können Sie angeben, ob am Ende des Blogs noch per Link auf nachfolgende Beiträge hingewiesen wird. Sie erhalten auf jeden Fall unten eine Seitennavigation und können auf die nächste Seite(n) „umblättern". Auf der nächsten Seite werden denn auch zunächst die zuvor verlinkten Beiträge angezeigt und darunter nicht verlinkte – abhängig natürlich von der Gesamtzahl der Beiträge. Geben Sie bei den Links die Zahl „0" ein, dann werden keine Links angezeigt, aber natürlich auf der nächsten Seite die nächstfolgenden Beiträge angezeigt. Die *Links* sind also nichts weiter, als eine optische Möglichkeit anzuzeigen, dass weitere interessante Beiträge folgen.

Möchten Sie alle Beiträge einspaltig anzeigen, geben Sie einfach die Zahl „1" bei Spalten ein. Es ist dann egal, ob Sie eine Zahl in den *Führenden* und *Einleitung* eintragen. Es reicht eins vom beiden – es wird stets die Gesamtzahl an Beiträgen, die sich aus *Einleitung* und *Führende* ergeben ausgegeben.

In der *Mehrspaltigen Sortierung* geben Sie an, ob nebeneinander oder untereinander sortiert werden soll. Bei vier Beiträgen in zwei Spalten ergibt sich bei einer *seitlichen* Sortierung:

1   2

3   4

Bei einer *abwärts* Sortierung:

1   3

2   4

2.3   Kategorieliste

Eine Kategorieliste wird im Frontend als Tabelle ausgegeben. Die einzelnen Beiträge werden untereinander aufgelistet. Je nach Einstellung werden weitere Informationen zu einem Beitrag ausgegeben: Autor, Veröffentlichungsdatum, Zugriffe. Die Beiträge können durch Anklicken des Beitragstitels zum Lesen ausgewählt werden.

Nach der Auswahl *Kategorieliste* wählen Sie die Kategorie aus, deren Beiträge listenartig angezeigt werden sollen.

Interessant ist diese Darstellungsart für den schnellen Überblick zu einem bestimmten Thema. Auf meiner Tutorialsite[1] arbeite ich sehr viel mit der *Kategorieliste*.

2.4   Haupteinträge

Alle Beiträge, die Sie als Hauptbeiträge gekennzeichnet haben (siehe hierzu auch das Kapitel Abschn. 1.2) werden mit diesem Menüeintragstyp angezeigt.

Bei den Haupteinträgen haben Sie auch die Möglichkeit die *Führenden, Einleitung* und *Spalten* einzustellen. Näheres finden Sie im Kapitel zum Kategorieblog (Abschn. 2.2).

---

[1]http://www.time4joomla.de.

2.5   Beitrag einreichen

Legen Sie einen Menüeintragstyp damit an, haben Sie die Möglichkeit im Frontend einen Beitrag zu schreiben und somit einzureichen. Richtig interessant ist der Tab *Optionen* in dem Sie eine feste Kategorie vorgeben können. Neue Beiträge erscheinen dann nur in dieser Kategorie und es kann keine andere Kategorie ausgewählt werden, wenn man lediglich der Benutzergruppe *Autor* zugewiesen ist.

Der Vorteil ist, dass Benutzer ab der Benutzergruppe der *Editoren* lediglich in einen Menüverweis, der am sinnvollsten als *Kategorieliste* angelegt ist, nachschauen zu brauchen, ob es neue Beiträge gibt. Allerdings müssen dann die *Editoren* und *Publisher* über die richtige Kategorie bestimmen.

Wenn Sie den Menüverweis auf die Zugriffsebene *Special* stellen, können nur Benutzer ab der Gruppe *Autoren* diesen Link sehen. Damit können auch *Autoren* bequem ihre eigenen Beiträge bearbeiten, ohne sie erst in den Kategorien suchen zu müssen.

Das Schloss

3

Manchmal haben Sie vor Beiträgen, Modulen oder Plug-ins ein Vorhängeschloss und können meist nicht mehr diesen Beitrag, Modul oder Plugin editieren. Selbst als Super User kommen Sie nicht so ohne weiteres an diese Beiträge etc. heran. Zunächst eine Erklärung, welche Funktion das Schloss hat und wie es entsteht:

Joomla! ist unter anderem auch ein fertiges Redaktionssystem. Wenn jemand an einem Beitrag schreibt – sei es, dass es sein eigener ist und dieser gerade entsteht: sei es, dass ein vorhandener Beitrag editiert wurde – wird dieser Beitrag für einen anderen Autoren gesperrt. Wäre das nicht so und zwei und mehr Autoren greifen gleichzeitig auf einen Beitrag zu, würde stets der „gewinnen", der als letzter speichert.

Der Fachausdruck hierfür ist *Transaktionskontrolle* und kommt ursprünglich aus dem Bankengewerbe. Angenommen Sie haben ein Konto mit 1000 € Guthaben. Nun greifen zwei Kontoberechtigte gleichzeitig zu und beide sehen, dass 1000 € Guthaben auf dem Konto liegen – beide heben jeweils diese Summe ab und das Konto ist nun mit 1000 € belastet. Damit das nicht passieren kann, wird der Kontozugriff gesperrt, sobald jemand Zugriff nimmt.

Genauso verhält es sich bei Joomla! Damit nicht zwei Autoren gleichzeitig sich gegenseitig überschreiben in einem Beitrag, sperrt Joomla! den Beitrag, das Modul oder das Plug-in für einen weiteren Berechtigten. Wenn sich ein zweiter User nun im Backend einloggt, sieht er das Schloss und weiß, dass ein anderer an diesem Beitrag etc. arbeitet.

Oft entsteht aber dieses Schloss auch aus Versehen. Beispielsweise wird gern der Browser-Tab geschlossen, anstatt dass der Beitrag mit *Abbrechen* oder *Speichern und Schließen* verlassen wird. Joomla! geht nun aber noch davon aus, dass in dem Beitrag gearbeitet wird und lässt das Schloss stehen. Joomla! kann schließlich nicht wissen, dass der Beitrag nicht ordnungsgemäß verlassen wurde.

© Springer Fachmedien Wiesbaden GmbH 2017   17
A. Tüting, *Joomla! für Redakteure*, essentials,
DOI 10.1007/978-3-658-17512-2_3

Für einen Administrator beginnt nun das große Rätselraten: Ist das Absicht oder ein Versehen gewesen? Wird am Beitrag noch gearbeitet oder kann er veröffentlicht oder gelöscht werden?

Sie sehen: es ist wichtig in Systemen, wo mehrere Autoren tätig sind, ein wenig diszipliniert zu arbeiten.

Sie bekommen ein Schloss immer auf zwei mögliche Arten weg:

1. Sie klicken die Checkbox am Beitrag, Modul oder Plug-in an und wählen in der oberen Buttonreihe *Freigeben* an.
2. Sie gehen über das Pulldownmenü auf *System/Globales Freigeben*. Hier haben Sie die Möglichkeit mehrere Beiträge etc. freizugeben. Dabei werden die einzelnen Joomla!-Datenbanktabellen überprüft. Haben Sie keine Angst, weil Sie hier offenbar direkt in der Datenbank operieren. Sie können alle Tabellen markieren und dann auf den Button *Freigeben* oben links klicken. Wenn es nichts zum Freigeben gibt, passiert auch nichts, andernfalls werden die Beiträge, Module und Plug-ins freigegeben und das Schloss entfernt.

Wichtig ist aber, dass Sie sicher sind, dass niemand an den Beiträgen arbeitet und es in Ordnung ist, wenn Sie die Beiträge etc. wieder für alle Autoren öffnen.

Im Frontend passiert übrigens nichts, wenn Beiträge gesperrt sind. Das bezieht sich nur und ausschließlich auf das Editieren.

Das Frontend ist recht überschaubar. Die allermeisten Einstellungen wird der Administrator der Website vorgenommen haben. Wenn Sie keine administrativen Rechte haben, können Sie Beiträge nur im Frontend schreiben und somit einreichen. Dafür wird Ihnen ein Menüverweis zur Verfügung gestellt, der standardmäßig erst ab der Benutzergruppe *Autor* sichtbar ist. Das Aussehen dieser Eingabemaske ist sowohl vom Benutzerrecht abhängig (ein *Publisher* hat mehr Felder, als ein Editor, hat mehr Felder, als ein *Autor*), als auch von den Einstellungen des Administrators und den eventuellen Einstellungen des Editors, weshalb es schwierig ist, hier allgemeingültige Aussagen zu machen. Dennoch haben aber alle Einstellungen eine gemeinsame Grundstruktur, die in den folgenden Kapiteln vorgestellt werden.

Beiträge einreichen

4

Sie müssen auf jeden Fall einen Beitragstitel eingeben. Für den *Alias* gilt das gleiche, wie in Kap. 1 beschrieben. Eventuell wurde eine Kategorie vorgegeben – dann müssen Sie diese übernehmen und können Sie nicht mehr ändern, sofern Sie lediglich *Autor* sind. Andernfalls wählen Sie eine passende Kategorie aus der Liste. Darunter können Sie *Schlagwörter* zum Beitrag angeben. Wählen Sie ein Schlagwort aus der Liste oder geben Sie ein neues ein, welches Sie mit einem ENTER auf der Tastatur abschließen. Beim nächsten Beitrag wird dieses Schlagwort automatisch in der Liste übernommen.

Die weiteren Einstellmöglichkeiten sind in den Kapiteln zuvor bereits erklärt worden.

Lediglich der *Publisher* kann zusätzlich den *Status* verändern. Das deswegen, weil erst im *Status* der Beitrag veröffentlicht werden kann. Und standardmäßig darf das erst die Benutzergruppe ab dem *Publisher*.

Eigene Beiträge können immer bearbeitet werden. Fremde Beiträge kann erst der Editor und der Publisher darf dann erst die Beiträge veröffentlichen. Etwas detaillierter dazu im Kap. 5 über den Workflow.

© Springer Fachmedien Wiesbaden GmbH 2017
A. Tüting, *Joomla! für Redakteure*, essentials,
DOI 10.1007/978-3-658-17512-2_4

Workflow: Vom Autor bis zum Publisher 5

Joomla! ist von Beginn an ein vollständig eingerichtetes Redaktionssystem. Zu einem Redaktionssystem gehört neben dem Sperren von edierten Beiträgen auch ein ausgeklüngeltes Rechtesystem, welches einen Workflow von der Erstellung bis zur Veröffentlichung ermöglicht.

Schreiben darf jeder, der das Recht des *Autors* hat.

Beim Workflow geht es sicherlich auch um eine inhaltliche Überprüfung. Jeder hat bekanntlich seinen eigenen Stil und wenn Sie sich noch an Ihre Schulzeit und den Aufsätzen erinnern, dann wissen Sie auch, dass nicht jeder, der gern schreibt, auch schreiben kann. Sei es, dass Sie formelle Überprüfungen inhaltlicher oder grammatikalischer Art vornehmen möchten – Sie erhalten neben dem *Autor* von Joomla! noch einen *Editor.* Neben dem gleichnamigen Programm, in dem Sie Ihre Texte schreiben, ermöglicht dieses Benutzerrecht eigene und fremde Texte zu editieren und zu verändern.

Erst der *Publisher* darf dann endgültig darüber entscheiden, ob der Text in seiner endgültigen Form veröffentlicht wird. Oder eben nicht und direkt in den Papierkorb wandert. Oder er kann natürlich den *Autor* des Textes bitten, den Text zu verändern und so im Rahmen der Vorgaben anzupassen.

Gerade in größeren Redaktionssystemen, aber auch schon in kleineren, sollten Sie auf ein einheitliches Bild achten. Sowohl was die Gestaltung der Texte angeht (weniger Typografie im Text ist meist mehr und die wichtigsten Formateinstellungen sind mit Sicherheit innerhalb des Templates und der zugehörigen CSS-Dateien definiert), denn nichts kann mehr erschweren, als ein uneinheitliches Bild in den Texten, womöglich unnötige kursive, fette oder unterstrichende Textpassagen etc. Nicht selten haben sich die Verantwortlichen nach Schulungen mit mir zu diesem Thema hingesetzt und ein Vorgabendokument für Ihre Mitarbeiter erstellt und in Zukunft *Editoren* und *Publisher* angehalten, auf die Einhaltung zu achten.

© Springer Fachmedien Wiesbaden GmbH 2017
A. Tüting, *Joomla! für Redakteure*, essentials,
DOI 10.1007/978-3-658-17512-2_5

Ein wenig Hintergrundwissen zu den Benutzergruppen:

Ein Benutzer der Website (sogar ein reiner Besucher) wird stets einer Benutzergruppe zugeordnet (ein Besucher wird vorübergehend der Benutzergruppe *Public* oder *Guest* zugeordnet). Somit kann jeder User, dadurch dass er einer Benutzergruppe zugeordnet wird, unterschiedliche Dinge auf der Website machen. Voraussetzung ist natürlich, dass der User sich einloggt – erst dann kann Joomla! den Benutzer einwandfrei zuordnen.

Viele Benutzergruppen sind in Joomla! hierarchisch angeordnet und gehören eigenen Hierarchiegruppen an, die unter einander das Recht der jeweils über ihr liegenden Hierarchie *erben*. „Erben" ist ein beliebter Begriff in der IT. In Joomla! konkret bedeutet das, das der *Editor* automatisch der über ihr liegenden Benutzergruppe – *Autor* – alles vermacht bekommt, was der auch kann plus noch etwas mehr. Der *Publisher* erbt alles vom *Editor,* der ja schon alles vom *Autoren* vererbt bekommen hat plus noch ein paar Rechte mehr. Das bedeutet dann, das der *Publisher* auch alles machen kann, was die *Autoren* und *Editoren* können – also Beiträge schreiben und eigene und fremde Beiträge editieren – und zusätzlich(!) dass Recht der Veröffentlichung bekommen.

Das nur zum besseren Verständnis der einzelnen Benutzergruppen.

In den nachfolgenden Kapiteln finden Sie all das, was nicht einwandfrei dem Backend oder Frontend zu zuordnen ist und für beide Bereiche gilt.

Wortfilter – Wer darf wie schreiben? 6

In der *Konfiguration* finden Sie den Tab *Textfilter.* Sie erreichen die Konfiguration über das Menü: *System/Konfiguration* und über das Kontrollzentrum: *Konfiguration → Global.*

Der *Textfilter* gibt Ihnen die Möglichkeit einzustellen, was ein Autor für einen Befehlsumfang im Text hat. Es geht hier also nicht darum, ihm bestimmte Wörter zu sperren (wenn Sie so etwas suchen, bitten Sie Ihren Administrator darum, dass er in den Joomla!-Erweiterungen nach so etwas suchen geht und Ihnen installiert). In diesem *Textfilter* geht es darum HTML[1]-Elemente und HTML-Attribute zu sperren oder zu erlauben. Wer sich etwas auskennt mit HTML, kann damit einen Text sehr individuell gestalten.

Im *Textfilter* haben Sie zum einen eine Unterscheidung für die einzelnen Benutzergruppen. Alle Benutzergruppen haben dann die gleichen Listen zur Auswahl:

- Standard Blacklist
- Eigene Blacklist
- Whitelist
- Kein HTML
- Keine Filterung

Eine Blacklist schließt stets etwas aus und eine Whitelist erlaubt etwas.

Keine Filterung

Am einfachsten ist die Zuweisung für den Super User. Der darf alles, der hat keine Filterung. Und das macht auch wirklich Sinn. Wenn es mal darum geht,

---

[1]HTML steht für *Hypertext Markup Language* und ist eine *Seitenbeschreibungssprache* für Webseiten.

© Springer Fachmedien Wiesbaden GmbH 2017
A. Tüting, *Joomla! für Redakteure,* essentials,
DOI 10.1007/978-3-658-17512-2_6

etwas sehr Spezielles zu formatieren, dann benötigt der Super User eventuell umfangreiche HTML-Elemente dafür.

Kein HTML

Ein Besucher der Website braucht überhaupt *kein HTML.* Besucher haben eventuell die Möglichkeit mit einem Editor eine Nachricht zu verfassen. Mit dieser simplen Einstellung ist gewährleistet, dass Sie dort auch nur Text eingeben können und keine zusätzlichen Formatierungen.

Blacklist

Sie können eine „Verbotsliste" übernehmen oder eine eigene erstellen. Dazu haben Sie jeweils zwei Spalten zur Verfügung:

- Elemente filtern
- Attribute filtern

Um den Unterschied zu verstehen, muss ich Ihnen eine klitzekleine Einführung in HTML geben:

Ein HTML-Befehl besteht aus einem Element und eventuell zusätzlichen Attributen:

```
<img src="Bild.jpg">
```

Img ist das Element und kennzeichnet ein *Image,* also ein Bild. Mit dem Attribut *src* wird der *Source,* der *Pfad* bzw. *Bildname* angegeben. Mit dem obigen HTML-Befehl wird ein Bild in der Website angezeigt. Soweit ist das alles noch nicht weiter verwerflich und es gäbe keinen Grund mit Blacklists einzuschreiten. Es gibt aber in den Attributen auch Möglichkeiten die Breite *(width)* oder die Bildhöhe *(height)* zu setzen und noch einiges mehr, denn man kann an ein Element durchaus auch mehrere Attribute setzen. Beispielsweise:

```
<img src="Bild.jpg" height="200" width="400">
```

Wenn nun aber ein einheitliches Aussehen für Bilder global formatiert ist, dann kann dieses einheitliche Bild mit solchen Angaben komplett ausgehebelt werden. Und außerdem ist es durchaus auch möglich „schädlichen" Code auf diese Weise einzufügen. Beispielsweise mit dem *iframe* oder *embed.* Und mit einem *frameset* kann man eine Menge Schabernack treiben!

Sie sehen denn auch in der Standardvorgabe von Joomla! das alle Schreibenden – also vom *Autor* bis zum *Publisher* die *Standard Blacklist* zugewiesen bekommen haben.

Nichts desto trotz ist es mit zugewiesener Blacklist dennoch möglich auf viele HTML-Elemente und -Attribute zu zugreifen, die durchaus Sinn machen können in der Formatierung der Beiträge.

Eigene Attribute und Elemente geben Sie nacheinander mit einem Komma getrennt ein. Sie sehen ganz am Ende der Seite eine kleine Hilfe zu den Einstellungen und Eingaben.

Whitelist

Die *Whitelist* hat zunächst den gleichen Effekt wie *Kein HTML*. Tragen Sie aber in einer der beiden Spalten etwas ein, dann werden diese *Elemente* und *Attribute* ausdrücklich erlaubt. Die *Whitelist* ist also das genaue Gegenteil der *Blacklist*. Verbieten Sie in der einen Liste, erlauben Sie in der *Whitelist*.

Wenn Sie ein System betreiben, welches möglichst wenig an eigenen Formatierungen zulassen soll, dann ist die *Whitelist* vielleicht die bessere Liste für Sie. Allerdings muss sich dann jemand an die Liste setzen, der sich mit HTML ein wenig auskennt. Denn es gibt durchaus so einiges was gebraucht wird, wenn Beiträge verfasst werden!

Zusammenfassung

Die Arbeit mit den Listen macht wirklich Sinn. Insbesondere auch, wenn Ihre Redakteure gern selber Formatierungen am Text vornehmen. Aber beachten Sie bitte auch, dass jedes Verbot leider erst beim Speichern des Beitrages greift und erst dann nicht erlaubte Elemente und Attribute gelöscht werden. Der Autor erfährt in aller Regel erst dann etwas davon, wenn er sich seinen eigenen Beitrag noch einmal anschaut. Das kann natürlich auch zu Frust und Ärger führen…

Wenn Sie aber im Vorfeld Ihre Autoren entsprechend briefen, sollte einer etwaigen Frustgrenze gut entgegengewirkt werden können.

Die Editoren

Es gibt eine Vielzahl von Editoren für Joomla![1] Standardmäßig dabei sind neben dem TinyMCE, den ich gleich näher beschreiben werde, noch der *Code-Editor,* der jedoch nur Sinn macht, wenn Sie direkt codieren/programmieren, möchten. Sie können auch jederzeit beim Benutzer einstellen, dass *Kein Editor* benutzt werden soll. Manchmal gibt es Situationen, wo ein fester Code übernommen werden soll, der aber im Rahmen von Filterungen beim Speichern zerstört wird. Das kann eventuell auftauchen, wenn Sie Partnerlinks, beispielsweise zu Amazon, setzen wollen.

Sie können jedem Benutzer seinen eigenen Editor zuordnen. Wenn Sie bereits angemeldete Benutzer haben und später einen neuen Editor installieren, dann müssen Sie den neuen Editor einem „alten" Benutzer explizit zuordnen. Das machen Sie, in dem Sie über das Menü *Benutzer/Verwalten* oder im Kontrollzentrum *Benutzer* → *Benutzer* anklicken. Danach editieren Sie den Benutzer, in dem Sie direkt auf seinen Namen klicken. Oben haben Sie drei Tabs (*Kontodetails, Zugewiesene Gruppen, Basiseinstellungen*). In den *Basiseinstellungen* wählen Sie den *Editor* aus der Liste aus.

In der *Konfiguration* (Menü: *System/Konfiguration*) können Sie den *Standard Editor* setzen. Das machen Sie im ersten Tab der Konfiguration *(Site)*. Der *Standard Editor* greift aber erst bei Neuanmeldungen.

---

[1]http://extensions.joomla.org/category/edition/editors.

© Springer Fachmedien Wiesbaden GmbH 2017
A. Tüting, *Joomla! für Redakteure,* essentials,
DOI 10.1007/978-3-658-17512-2_7

7.1 Von Anfang an dabei: TinyMCE

Beim Standardeditor können Sie bei den Plug-ins einiges einstellen. Da die Einstellungen beim Plugin Administratorrechte verlangen, gehe ich nicht auf jedes Detail ein. Aber in Absprache mit Ihrem Administrator bietet der Standardeditor bereits einige mächtige Möglichkeiten. Die Plug-ins erreichen Sie nur über das Menü: *Erweiterungen/Plug-ins*. Geben Sie im Suchfeld „tiny" ein und klicken Sie auf die Lupe oder direkt ENTER auf der Tastatur. Nun erscheint in der Übersicht das Plug-in „Editor-TinyMCE". Das editieren Sie, in dem Sie direkt auf den Namen klicken.

Bei der *Funktionalität* finden Sie drei Auswahlmöglichkeiten: Standardmäßig ist *Erweitert* eingestellt. In diesem *essential* gehe ich auf die Einstellung *Komplett* ein. *Komplett* gibt uns ein paar Icons im Editor mehr und damit erweiterte Funktionalitäten.

Im Plug-in kann auch eingestellt werden, ob der Editor im *Mobilmodus* angezeigt werden soll oder nicht. *Mobilmodus* bedeutet, dass sich der Editor in der Breite und Anordnung dem mobilen Endgerät anpasst. Standardmäßig ist hier ein Nein *(Aus)* gewählt.

Es gibt, wie geschrieben, einiges hier einzustellen und der Administrator sollte unbedingt einen Blick in das Plugin werfen. Unter anderem können hier auch explizit verbotene oder erlaubte Elemente angegeben werden und somit eine Ergänzung zu den White- und Blacklisten aus der Konfiguration geschaffen werden. Im Plugin-Tab *Erweitert* kann für verschiedene Funktionalitäten Berechtigungen gesetzt werden und somit der Editor für Benutzergruppen individualisiert werden. Für uns reicht aber zunächst die komplette Funktionalität im Tab „*Plugin*" (Abb. 7.1).

Der Editor hat in der ersten Zeile ein kleines Menü mit Pulldownbuttons und danach, je nach Browserfenstergröße, mehrere Zeilen mit Icons.

Pulldownbutton *Datei*
Sie finden hier zwei Menüverweise: Zum einen können Sie Ihr Dokument an den *Drucker* ausgeben und zum anderen können Sie zum *letzten Entwurf* zurückkehren. Den

Abb. 7.1 Iconleiste vom Standardeditor TinyMCE

letzten Entwurf wiederherstellen können Sie dann, wenn Sie Ihren Beitrag wenigstens einmal gespeichert haben. Schreiben Sie dann etwas Neues in Ihrem Beitrag, können Sie den besagten Menüverweis auswählen und Ihr Beitrag wird auf den Stand der letzten Speicherung zurückgesetzt. Gleiches können Sie auch komfortabler mit den *Versionen* oben im Beitrags-Menü erreichen.

Pulldownbutton *Bearbeiten*
Unter diesem Button finden Sie vieles, was Sie von Textverarbeitungen kennen und ich denke *Rückgängig, Wiederholen* (das Rückgängig gemachte wieder herstellen), *Ausschneiden, Kopieren, Einfügen,* sowie *Alles auswählen* sollte klar sein und keine weitere Erklärung bedürfen.

Als Text einfügen erscheint zunächst etwas merkwürdig. Nach anklicken dieses Menüpunktes erhalten Sie einen blauen Hinweistext:

> Einfügen ist nun im einfachen Textmodus. Inhalte werden ab jetzt als unformatierter Text eingefügt, bis Sie diese Einstellung wieder ausschalten.

Den blauen Hinweistext entfernen Sie einfach, indem Sie auf das kleine „x" drücken. Sie haben diesen Einfügemodus nun aktiviert. Der Sinn und Zweck zeigt sich, wenn Sie Inhalte einfügen, die ihrerseits mehr als reinen Text beinhalten. Beispielsweise kann es sein, wenn Sie Texte aus MS-Word einfügen, dass Word seine internen Formatierungsbezeichnungen mitbringt. Diese können aber von keinem Browser dieser Welt gelesen werden und kann Ihnen das Design der Website komplett zerrstören. Zugegebenermaßen ist das Kopieren von Word-Inhalten nicht mehr so problematisch, wie noch vor wenigen Jahren. Damals machte ich einmal einen Test mit den drei Wörtern *„Dieses ist ein Satz"* und erhielt am Ende ca. acht DIN A4 Seiten mit Formatierungsangaben von MS-Word. Daher ist es besser, Sie aktivieren zuvor diesen Menüpunkt und kopieren erst dann Inhalte aus Word oder aus einer Excel-Tabelle.

Allerdings sind dann alle Formatierungen, die Sie zuvor mit MS-Word erstellt haben, verschwunden. Daher sollten Sie Inhalte besser direkt in Ihre Webseite schreiben und nicht erst in MS-Word vorschreiben. Aber selbst wenn Sie die Formatierungen von Word übernehmen möchten, werden nur Formatierungen übernommen, die mit HTML auf der Website abbildbar sind. Dazu gehören Fettschrift, Kursiv oder unterstrichene Wörter. So werden beispielsweise keine Farbangaben übernommen.

Bei *Suchen und Ersetzen* öffnet sich ein neues kleines Fenster, in der Sie oben den Suchbegriff eingeben und darunter mit welchem Begriff er ersetzt werden soll (Abb. 7.2). Sie können noch angeben, ob bei der Suche die *Groß- und*

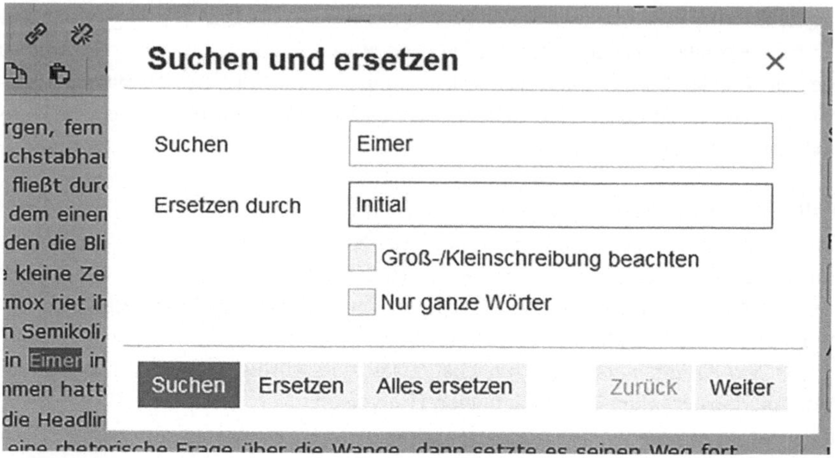

Abb. 7.2 Suchen und Ersetzen

Kleinschreibung Ihres Suchbegriffs berücksichtigt werden soll und oder ob *nur nach ganzen Wörtern* gesucht werden soll. Wenn Sie nicht nach ganzen Wörtern suchen, werden auch einzelne Buchstabenfolgen berücksichtigt, sofern diese mit Ihrem Suchbegriff möglich sind. Und bei den Groß- und Kleinschreibung ist „Gehen" etwas anderes, als „gehen". In den zugehörigen Buttons wählen Sie aus, ob gesucht oder auch der Suchbegriff ersetzt werden soll.

Wenn Sie *Alles ersetzen* auswählen, dann werden die einzelnen Suchergebnisse nicht angezeigt, wohl aber die entsprechenden Suchergebnisse mit Ihrem neuen Wort/Wörter ersetzt.

Kommt Ihr Suchbegriff mehr als einmal vor, dann können Sie den Button *Weiter* anklicken. Danach dann auch wieder zum vorherigen gefundenen Suchbegriff mit *Zurück* zurückkehren.

Pulldownbutton Einfügen

Wenn Sie ein Video einfügen möchten, können Sie hier die Quelle angeben. Sie müssen die Videodatei auf Ihrer Festplatte, bzw. auf dem Webserver liegen haben.

Sie können mit dem Tab „Video einbetten" Videos von anderen Webseiten einbinden – beispielsweise von YouTube, wo Sie ebenfalls einen Tab unter jedem Video haben, mit dem Einbettungscode. Allerdings funktionierte diese Methode nicht in meiner Testinstallation.

Mit *Link einfügen* können Sie natürlich einen Verweis einfügen. Allerdings bietet das erscheinende Fenster einige interessante Möglichkeiten: Tragen Sie in *URL* etwas ein, erscheint der gleiche Text in der Zeile darunter. Sie können aber den *anzuzeigenden Text* jederzeit ändern und ist dann der anklickbare Teil des Verweises. Der *Titel* wird angezeigt, wenn Sie mit der Maus eine Sekunde über dem Verweis verweilen. Er dient der besseren Usability und kann mit einem entsprechenden Hinweistext den Benutzer der Website dienen, aber er ist auch suchmaschinenrelevant und sollte daher mit sinnvollen Kurzinhalt bestückt werden. Im *Ziel* stellen Sie ein, ob ein neuer Tab im Browser geöffnet werden soll. *Rel* ist interessant und bietet einige Auswahlmöglichkeiten. *Rel* steht für „relationship (Verwandschaft)" und kann eine logische Beziehung zu einem Verweisziel herstellen:

- Alternate = Eine alternative Dokumentenversion, die auf einem anderen Server oder einer anderen Domain liegt
- Verfasser (author) = Ein Verweis auf den Autor mit näheren Angaben zu ihm
- Bookmark = Bezug zu einem allgemeingültigen Orientierungspunkt. Das könnte beispielsweise ein Inhaltsverzeichnis sein.
- Help = Eine zugehörige Hilfeseite
- License = Ein Verweis, der die Nutzung Ihrer Inhalte regelt. Beispielsweise können Sie auf die *CreativeCommense-Lizenzen*[2] verlinken.
- Lightbox = Ein Verweis zu einer Lightbox
- Weiter (next) = Die nächste Seite zum Thema
- No Follow = Diese Angabe in den *rel* bewirkt, dass der Bot einer Suchmaschine diesem Link nicht folgt. Das kann beispielsweise Sinn machen bei Verweisen in einem Mitgliederbereich, der für Suchmaschinen nicht zugänglich ist.
- No Referrer = Normalerweise wird die Webadresse von der Sie kommen an die Domain, zu der Sie gehen aufgezeichnet. Das ist beispielsweise wichtig für Statistiken und Analysetools. Mit dieser Angabe können Sie das aber unterdrücken und das Verweisziel erfährt nicht, von woher Sie kommen.
- Zurück (prev) = Die vorherige Seite zum Thema
- Search = Verweis zu einer Suchseite
- Tag = Mit dieser Angabe können Sie auf einen Tag (Schlagwort) verweisen. Da jedoch Joomla! sein eigenes Tag-System mitbringt, ist diese Angabe nicht wirklich relevant. Aber vielleicht möchten Sie ja mit eigenen Tags arbeiten...

---

[2]https://creativecommons.org/licenses/.

Mit der *rel*-Angabe schaffen Sie einen logischen Bezug des Verweises zum Verweisziel. Das ist insbesondere für Suchmaschinen, aber auch für den Browser interessant. Für den Verweis selber ändert sich jedoch nichts. Es gibt noch eine Reihe weiterer *rel*-Bezüge. Leider habe ich nur eine englischsprachige Liste gefunden, die offenbar alle möglichen auflistet[3].

Mit *Bild einfügen* können Sie den Pfad zum Bild angeben. Wenn Sie nicht wissen, wie das Bild heißt, dann klicken Sie zunächst auf das Icon mit den Namen *Bild* (bei mir ist das an drittletzter Stelle bei den Icons). Dort erhalten Sie den Mediaordner und können bequem ein Bild auswählen. Dort können Sie auch die *Ausrichtung* des Bildes bestimmen. *Links* bedeutet, dass der Text rechts vorbeifließt und bei *Rechts* fließt er links um das Bild herum. *Mittig* bewirkt, dass der Text oben und unter dem Bild bleibt. Der *Bildtitel* wird angezeigt, wenn Sie mit der Maus eine Sekunde auf dem Bild verharren und kann Suchmaschinenrelevant sein. Die *Bildbeschreibung* wird für blinde Menschen ausgegeben und wenn das Bild nicht angezeigt werden kann, erscheint ebenfalls dieser Text im Browser. Die *Caption-Klasse* wird seit HTML5 benutzt. Das Bild selber ist im HTML-Element *figure* eingefasst. Darin enthalten kann eine Bildunterschrift sein, die mit *figcaption* eingefasst ist. Die Bildunterschrift ist das was Sie in *Bildbeschriftung* angeben. Und in der *figcaption-Klasse* haben Sie die Möglichkeit eine vorgegebene CSS-Klasse anzugeben oder hinterher anzulegen. Allerdings brauchen Sie dazu CSS-Kenntnisse und entsprechende administrative Rechte.

Hier ein Beispiel für ein Bild:

```
<figure class="pull-left">
<img title="Der Titel wird angezeigt, wenn Sie mit der
Maus über dem Bild verharren" src="images/powered_by.png"
alt="Ein Joomla-Werbebanner" />
<figcaption class="meineCSS_Klasse">Joomla ist toll!
</figcaption>
</figure>
```

---

[3]http://microformats.org/wiki/existing-rel-values.

Wenn Sie alles richtig eingestellt und beschriftet haben, dann klicken Sie ganz oben auf den grünen Button *Einfügen*.

Ganz unten können Sie ein Bild hochladen. Wenn Sie das machen, müssen Sie das hochgeladene Bild anschließend einmal im Media-Verzeichnis anklicken und die Einstellungen wie beschrieben machen.

Nun können Sie das Bild im Editor markieren und auf den Pulldownbutton *Einfügen* klicken und dort *Bild einfügen/bearbeiten* auswählen. Sie haben die Möglichkeiten die Bildgröße zu verändern. Lassen Sie den Haken bei *Seitenverhältnisse beibehalten* drin, dann passt sich die Höhe, wahlweise Breite, Ihrer ersten Angabe automatisch an. Andernfalls kann das Bild verzerrt werden.

So schön diese Einstellung zu sein scheint, so ist es besser, Sie bearbeiten das Bild mit einem Bildbearbeitungsprogramm und passen das Bild der benötigten Größe an. Besonders wichtig ist das bei wirklich großen Bildern. Denn wenn jemand Ihre Website aufruft, dann wird immer das Originalbild auf die Festplatte des Besuchers geladen und erst dann skaliert. Im Tab *Erweitert* haben Sie die Möglichkeit die Abstände zwischen Bild und umfließenden Text einzustellen. Ebenso können Sie eine Rahmenbreite angeben. Dass was Sie dort eintragen, wird im Feld *Stil* in CSS-Code angezeigt. Wenn Sie über CSS-Wissen verfügen, können Sie in diesem Feld weitere Angaben machen.

Sonderzeichen einfügen kennen Sie vielleicht von MS-Word her. Wählen Sie ein Zeichen Ihrer Wahl aus und klicken Sie es an – es wird dann in Ihrem Editor eingefügt.

Mit der *Textmarke* können Sie Sprungziele im Text festlegen. Tragen Sie einen Namen ein und Sie erhalten dann im Editor ein kleines winziges Icon mit einem Anker. Wenn Sie nun unter *Link einfügen/bearbeiten* auswählen, können Sie unter *Textmarke* Ihre zuvor eingegebenen Sprungmarken auswählen. So können Sie beispielsweise ein Inhaltsverzeichnis innerhalb eines längeren Beitrages anlegen oder Verweise zu erklärenden Passagen etc.

Ein *Seitenumbruch* hat an dieser Stelle leider keine Funktion und erzeugt lediglich eine Kommentarzeile, die Sie aber nur sehen können, wenn Sie in den Quelltext sehen. Auf den Drucker wirkt sich dieser Zeilenumbruch leider auch nicht aus. Das Icon etwas weiter unten hat da mehr Wirkung und erkläre ich Ihnen dann auch dort.

Datum/Uhrzeit und *Horizontale Linie* brauche ich sicherlich nicht weiter zu erklären. Das *geschützte Leerzeichen* ist eine sehr schöne Sache. Normalerweise erzeugt HTML nur ein einziges Leerzeichen – auch wenn Sie 10x die Leertaste drücken. Sie können aber 10x das *geschützte Leerzeichen* anklicken und haben dann tatsächlich zehn Leerzeichen im Quellcode stehen.

Unter *Vorlage einfügen* können Sie zwischen zwei vorgegebenen Vorlagen wählen. Ich denke aber, dass diese eher als Beispiele für eigene Vorlagen dienen sollen, da Sie nur bedingt Sinn machen. Leider ist es aber nicht ganz so einfach Vorlagen im TinyMCE zu erstellen. Dazu benötigen Sie ein wenig Programmierwissen und oder Kenntnisse in HTML und CSS. Wenn es Sie interessiert finden Sie aber am Seitenende einen Link zu einer englischsprachigen Seite, die aber sehr verständlich beschreibt, wie Sie eigene Vorlagen erstellen können.[4]

Pulldownbutton: Ansicht

Wenn Sie *Blöcke anzeigen* aktivieren, werden Ihnen im Editor die einzelnen Absätze und ähnliche Bereiche angezeigt. Eine praktische Ansicht, um die einzelnen Absätze besser zu erfassen. Ich persönlich arbeite sehr gern in dieser Ansicht, da Sie mir etwas mehr Überblick gibt.

Schalten Sie *unsichtbare Zeichen* ein, sehen Sie beispielsweise Leerzeichen am Anfang eines Satzes, bzw. Absatzes, was sonst oft übersehen wird.

Die *Vorschau* zeigt Ihnen den Text so an, wie er auch auf der Webseite angezeigt wird.

Mit *Vollbild* geht der Editor über das gesamte Browserfenster. Leider werden dann die Pulldownbuttons nicht mehr angezeigt und das Tastaturkürzel *Strg-Alt-F* hatte bei mir keine Funktion, um wieder in die Normalansicht zurückzukehren. Aber es gibt ein Icon Namens *Vollbild* und zeigt vier Pfeile in diagonaler Ansicht an. Damit können Sie auch in die Vollansicht und wieder zurück switchen.

Pulldownbutton: Formate

Die oberen Formate dieses Menüs sprechen für sich, wie ich denke. Interessant sind aber die vielen *Formate* die sich als Untermenü öffnen. Oben stehen jeweils weitere Auswahlmöglichkeiten. Zunächst für die ganzen *Überschriften, Zeichenformate, Absatzformate* und für die *Ausrichtung*. Sie haben zu jedem Format ein kleines Icon, mit dem Sie erkennen können, was diese Formatierungen im Detail machen. Schwieriger wird es mit allem, was danach kommt. Hier handelt es sich im Wesentlichen um Formatierungen, die per CSS für die gesamte Website vorgegeben ist und die von Template zu Template variiert und auch ohne genaue Kenntnisse des Designs nicht wirklich nachvollziehbar ist. Wenn Sie jedoch ein wenig herunterscrollen in der mehr oder weniger langen Liste, dann finden Sie immer wieder Formate, wo Sie sehen können, was genau passiert. So können Sie beispielsweise farblich hinterlegte Formatierungen finden und vielerlei spannende

---

[4]https://www.tinymce.com/docs/plugins/template/.

Sachen mehr. Aber wie gesagt: das kann von Template zu Template stark variieren. Schauen Sie einfach die Liste durch und wählen Sie eine Formatierung aus, die Ihnen gefällt. Das zuvor markierte Worte/Wörter werden dann entsprechend formatiert.

Wenn Ihnen nicht gefällt, was Sie formatiert haben, machen Sie die Formatierung mit *Formatierung entfernen* wieder rückgängig. Wobei die gesamte Formatierung für den markierten Bereich entfernt wird.

Pulldownbutton: Tabelle

Tabelle einfügen funktioniert zunächst so, wie Sie es von einer Textverarbeitung vermutlich kennen. Sie wählen aus, wie viel Spalten und Zeilen die Tabelle hat und klicken dann mit der Maus. Das Ergebnis ist allerdings zunächst sehr ernüchternd. Die Zeilen sind ja noch gut erkennbar, aber die Spalten sind so eng, dass es nicht einfach ist, dort etwas einzutragen. Unter der Tabelle sehen Sie eine Iconzeile, mit der Sie direkte Angaben machen können. Wählen Sie zunächst das erste Icon mit der Tabelle aus. Hier können Sie die *Breite* und *Höhe* Ihrer Tabelle eintragen und damit auch die Spalten in einer vernünftigen Breite bringen. Der *Zellenabstand* ist der Abstand der einzelnen Zellen zueinander und der *Zelleninnenabstand* der Abstand zwischen Text und Innenrand der Zelle. Die *Ausrichtung* richtet die ganze Tabelle in Ihrem Beitrag aus. Wenn Sie bei *Beschriftung* einen Haken setzen, dann können Sie über der Tabelle einen Titel eingeben, der mit der Tabelle zusammen ausgerichtet wird. Im Tab *Erweitert* Können Sie die *Rahmenfarbe* und die *Hintergrundfarbe* der Tabelle angeben. Einfach geht es, wenn Sie auf das Viereck klicken und dann die Farbe direkt auswählen. Oder Sie geben den Hexadezimalen Farbwert direkt ein.

Die weiteren Icons unter der Tabelle sollten für sich sprechen. Verharren Sie mit der Maus auf einem Icon und es wird Ihnen ein kleiner Tooltipp angezeigt, der Ihnen das Icon näher erklärt.

Wenn Sie Ihre Tabelle nicht mit einem festen Wert vorgeben möchten, dann müssen Sie in die erste Spalte den Mauscursor setzen und dann etwas eintippen. Sie werden sehen, dass sich die Spalte nun automatisch dem Inhalt anpasst. Drücken Sie die Tabtaste auf Ihrer Tastatur (das ist die Taste ganz links mit den beiden gegenläufigen Pfeilen), dann können Sie bequem durch die Tabelle navigieren. Halten Sie die Umschalttaste gedrückt und drücken die Tabtaste gehen Sie eine Spalte zurück. Wenn Sie am Ende der Zeile angelangt sind, wählt die Tabtaste die erste Spalte der nächsten Zeile aus. Ganz am Ende der Tabelle wird so automatisch eine neue Zeile erzeugt.

Die Iconleiste unter der Tabelle gibt Ihnen ein paar oft und schnell benötigte Funktionen. Detaillierter können Sie aber im Pulldownbutton für die Tabelle arbeiten.

Klicken Sie in eine beliebige Zelle Ihrer Tabelle und wählen Sie im Pulldownbutton die *Zelleneigenschaften* aus. Sie können nun zunächst die Höhe und Breite der Zelle einstellen. Bedenken Sie dabei, dass die Breite für die gesamte Spalte gilt und die Höhe für die gesamte Zeile. Beim *Zellentyp* können Sie angeben, ob es sich um eine *Kopfzelle* handelt. Sie selber werden bei dieser Einstellung vermutlich zunächst keinen Unterschied sehen, aber der HTML-Code verändert sich für Ihre Zelle von einem <td> zu einem <th>. Wenn dieses in der CSS-Datei entsprechend formatiert ist, wird es zur Laufzeit (wenn die Website mit Ihrem Beitrag im Browser angezeigt wird) vermutlich ein anderes Aussehen geben. Der *Gültigkeitsbereich* bestimmt dabei, wie weit eine etwaige *Kopfzelle* reichen soll: Nur in der ausgewählten *Zelle,* in den ausgewählten Zellen als *Spalten-* oder *Zellengruppe* – wenn Sie mehr als eine Zelle markiert haben, dann können Sie dieses entsprechend wählen – oder die ganze *Zeile,* wahlweise *Spalte* der Zelle, die Sie ausgewählt haben.

Diese Technologie gibt es erst seit HTML5 und wer sich etwas mit HTML auskennt, und einen Blick in den Quellcode wirft, wird das HTML-Attribut *scope* finden. Damit wird festgelegt, ob die Zelle einen Bereich abdeckt. Klingt ein wenig verwirrend, zumal in der direkten Ausgabe eventuell gar nichts zu sehen ist. Moderne Screenreader können aber mit solchen Angaben etwas anfangen und eine Tabelle besser vorlesen, weil Inhalte leichter zugeordnet werden können. Insbesondere wenn innerhalb einer Tabelle Überschriften/Bereiche definiert werden sollen. Diese Technik ist denn auch eher der barrierearmen Website zugeordnet. Wenn Sie weitere Informationen haben möchte, verweise ich zu einer Site über Barrierefreies Webdesign.[5]

Die *horizontale* und *vertikale Ausrichtung* greift nur, wenn die Zelle in Breite, bzw. Spalte größer als der Inhalt ist. Im Tab *Erweitert* haben Sie noch die Möglichkeit eine Hintergrundfarbe und eine Rahmenfarbe für die Zelle festzulegen und in *Stil* sehen Sie zum einen Ihre Einstellungen als CSS, den Sie nach Belieben erweitern können.

In den Menüauswahlen *Zeile* finden Sie die *Zeileneigenschaften*. Diese funktioniert genauso, wie bei der *Zelle* erklärt. Es gibt lediglich eine Höhenangabe der Zeile.

---

[5]http://www.barrierefreies-webdesign.de/knowhow/datentabellen/scope.html.

Bei der *Zeile* finden Sie im Menü noch weitere Möglichkeiten. So können Sie eine *neue Zeile vor* der aktuell ausgewählten Zeile oder *danach einfügen*. Ebenso können Sie die Zeile, in der sich Ihr Mauszeiger befindet auch *löschen*. Wenn Sie eine *Zeile ausschneiden* wird diese gelöscht in Ihrer Tabelle, aber in die Zwischenablage kopiert. Sie können diese Zeile nun an anderer Stelle kopieren oder mit der Auswahl *Zeile davor/danach einfügen* vor oder nach der Zeile, in der sich Ihr Mauszeiger befindet einfügen. Gleiches gilt auch, wenn Sie die Zeile nicht löschen (ausschneiden), sondern kopieren möchten.

Bei der *Spalte* gibt es nur die Möglichkeit eine Spalte links oder rechts von der aktuellen Mauszeigerposition einzufügen – *Neue Spalte davor/danach einfügen*. Ebenso können Sie auch die *Spalte löschen*, in der sich der Mauszeiger befindet.

Pulldownbutton: Werkzeuge
Anders als *Editor an/aus* (der Button befindet sich unter dem Editor) erscheint bei *Quelltext* ein Fenster, welchen den Beitrag in HTML-Ansicht anzeigt. Sie können hier auch direkt HTML eingeben.

Die Icons
Einige Icons sind bereits bei den Pulldownbuttons beschrieben worden oder sprechen auch einfach für sich. So ist das bei den Icons bis zum *Format*. Neu ist dann erst der Pulldownbutton *Absatz*. Bei genauer Betrachtung stellen Sie aber fest, dass der eigentlich auch in den *Formaten* enthalten ist, lediglich etwas anders sortiert ist. Es ist also egal, ob Sie beispielsweise die Überschrift aus dem Pulldownbutton *Formate* oder selbigen in der Iconleiste oder die Überschrift aus dem *Absatz* auswählen. Es passiert immer das gleiche. Benutzen Sie den Weg, der Ihnen besser gefällt.

Wirklich neu ist dann die *Schriftart*. Wie viele Schriften hier angezeigt werden, hängt vom verwendeten Template und den installierten Schriften ab. Wenn Sie mehrere Schriften zur Auswahl haben, wählen Sie mit Bedacht. Nicht jede Schriftart passt zusammen und das Gesamtbild der Website kann so schnell zerstört werden. Im Zweifelsfall fragen Sie Ihren Administrator. Gleiches gilt auch für die *Schriftgröße*. Ein einheitliches Bild ist meist besser, als viele Schriften in unterschiedlichen Größen. Wählen Sie auch hier stets mit Bedacht – das aber nur als Tipp von einem erfahrenen Webentwickler.

Das *Fernglas* öffnet den gleichen *Suchen und Ersetzen* Dialog, den ich weiter oben bereits beschrieben habe.

Nach dem Fernglas kommen die beiden Auflistungen. Zunächst die sogenannte unsortierte Liste, wo Sie zwischen *Kreis, Punkt und Quadrat* wählen können und danach die sortierten Listen, wo Sie neben dem Standard (1., 2., 3.) auch große und kleine Buchstaben, griechische oder römische Zeichen wählen können.

Der *Einzug* gilt immer für die ganze Zeile, gleich wo der Mauszeiger sich befindet. Sie können die Zeile also nach rechts einrücken oder wieder etwas zurück, wenn Ihnen der Einzug nicht gefällt.

Rückgängig und das rückgängig gemachte wiederherstellen *(Wiederholen)*, kennen Sie auch aus zahlreichen Programmen.

Danach kommen wieder ein paar Icons, die ich weiter oben bereits beschrieben habe und die Sie in *Einfügen* wiederfinden: *Link einfügen, Textmarke, Bild einfügen/bearbeiten*. Mit *Link löschen* können Sie einen Verweis, nicht aber den Text löschen, wenn Sie ihn mit der Maus markieren und dann das zugehörige Icon anklicken.

Den *Quelltext* finden Sie auch in *Werkzeuge*. *Vollbild* in *Ansicht* und die *Tabelle* im gleichnamigen Menübutton. Die *höhergestellte* und *tiefer gestellte* Schrift finden Sie auch in den *Formaten* wieder. Die *Emoticons* sind aber wirklich neu in der Iconleiste.

Von links nach rechts und *von rechts nach links* – wenn Sie das anklicken, dann passiert nichts Sichtbares im Editor. Im HTML-Code ändert sich aber etwas:

```
<p dir="ltr">Von links nach rechts</p>
<p dir="rtl">Von rechts nach links</p>
```

Es gibt bekannterweise Länder, die schreiben nicht wie wir von links nach rechts, sondern von rechts nach links. In arabischen Ländern finden Sie diese Schreibweise. Damit der Browser weiß, was zu tun ist, bekommt er hier entsprechende Anweisung. Interessant ist das aber nur, wenn Sie Inhalte für entsprechende Länder erstellen.

Die weiteren Icons habe ich Ihnen bereits erklärt. Neu ist erst wieder das *Zitat-Zeichen*. Wenn Sie eine entsprechende Formatierung in Ihrem Template haben, wird das Zitat entsprechend vom restlichen Inhalt abgehoben.

Wirklich interessant ist das Icon mit den geschweiften Klammern und dem Semikolon dazwischen. Sie haben zwei Möglichkeiten Code einzugeben, der auch als Code ausgegeben werden soll:

Einfach direkt eingeben – wobei Sie dann das Problem haben, das eventuelle Einrückungen immer nur mit einem vorläufigen Leerzeichen ausgegeben wird oder Sie klicken zuvor auf das Icon und können den Code dann bequem im erscheinenden Editorfenster eingeben. Wobei Sie eine Einrückung mit den Leerzeichen Ihrer Tastatur machen müssen. Im zweiten Fall wird der Code so angezeigt, wie Sie ihn eingegeben haben (Abb. 7.3).

```
<p>
    Dieses ist ein Absatz
</p>
```

```
<p>
        Dieses ist ein Absatz
</p>
```

Abb. 7.3 Anzeige ohne Code-Formatierung (oberer Teil der Abbildung) und mit Code-Formatierung (unterer Teil der Abbildung)

Die eckigen Klammern werden dabei von sogenannten Entitys ersetzt. Eine Technik, mit der HTML Sonderzeichen darstellen kann. Und eine eckige Klammer ist ein Sonderzeichen – welches aber eben normalerweise auch Bestandteil eines jeden HTML-Elements ist. Damit der Browser da nicht durcheinanderkommt, werden im Text diese eckigen Klammern entsprechend umgewandelt. Wenn Sie nun aber den Text als *Insert/Edit code sample* eingeben, dann macht der Editor da eine saubere Formatierung draus.

Einmal ohne *Insert/Edit code sample:*

```
<p>&lt;p&gt;Dieses ist ein Absatz&lt;/p&gt;</p>
```

Und einmal mit:

```
<pre class="language-markup"><code>&lt;p&gt;
Dieses ist ein Absatz
&lt;/p&gt;</code></pre>
```

Wichtig ist der zweite Ansatz (also mit *code sample*) für die Formatierung. <code> ist bei den meisten Templates mit einer Formatierung versehen, <pre> eher selten.

Wie Sie vielleicht wissen, werden Module in Joomla! an vorgegebenen Positionen im Template angezeigt. Da es im Beitrag keine Position gibt, kann dort normalerweise kein Modul angezeigt werden. Es gibt aber einen Trick, womit das doch möglich ist. Wenn Sie das Icon *Modul* anklicken, dann sehen Sie die derzeit vorhandenen Module und können eines davon durch anklicken auswählen. Sie erhalten dann einen Platzhalter in Ihrem Beitrag, der zur Laufzeit durch das Modul ersetzt wird.

Es gibt noch eine zweite Möglichkeit. Dazu geben Sie in Ihrem Text einfach den Namen der Position ein. Beispielsweise:

```
{loadposition name_der_position}
```

Wenn Sie nun ein Modul veröffentlichen, welches dem „name_der_position" zugewiesen ist, dann erscheint dieses oder mehrere Module in Ihrem Beitrag.

Klicken Sie auf das Icon *Beitrag* können Sie einen Direktverweis zu einem Beitrag in Ihrem Inhalt einbinden.

Der *Seitenumbruch* ist eigentlich ein Inhaltsverzeichnis. Sie können damit längere Texte in themenbezogene Abschnitte aufteilen. In das Feld *Seitentitel* tragen Sie ein, was jeweils am Anfang der Seite angezeigt wird und in *Inhaltsverzeichnis* das, was im Inhaltsverzeichnis angezeigt wird.

Ein Beispiel dazu: Angenommen ich habe einen Beitrag über den Eiffelturm geschrieben. Nun möchte ich ein Inhaltsverzeichnis erstellen. Dazu klicke ich an verschiedenen Stellen meines Beitrages das Icon *Seitenumbruch* an und gebe jeweils einen Seitentitel und einen Text beim Inhaltverzeichnis ein. Eine der Seiten nenne ich „Geschichte des Eiffelturms" und gebe als Inhaltsverzeichnis den Text „Historie" ein. Auf der Website sieht das nun wie in Abb. 7.4 aus.

„Aussicht" und „Wahrzeichen" sind weitere Kapitel in meinem langen Beitrag. Der letzte Punkt „Alle Seiten" wird von Joomla! hinzugefügt, ebenso wie die erste Seite „Paris", die die Startseite meines Beitrages beinhaltet.

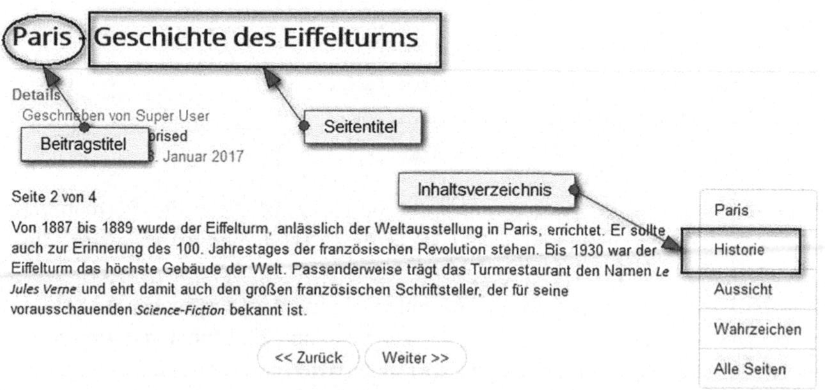

Abb. 7.4 Beispiel eines Inhaltsverzeichnisses

Mit *Weiterlesen* fügen Sie zur Laufzeit einen Button in Ihren Text ein. Der Teil vor dem *Weiterlesen* wird in der Blogansicht angezeigt, der Teil danach erst, wenn der Beitrag in der Einzelansicht steht. In den *Optionen* in der Beitragsübersicht des Backends können Sie im Übrigen einstellen, ob der Teil vor dem *Weiterlesen* in der Einzelansicht angezeigt werden soll oder nicht.

In Supportforen wird immer mal die Frage gestellt, warum das „Weiterlesen" nicht angezeigt wird. „Weiterlesen" macht nur in der Blogansicht Sinn (Menütyp: *Kategorieblog*), da bei einer Einzelverlinkung ohnehin der ganze Beitrag angezeigt wird. Möchten Sie hingegen einen längeren Beitrag über mehrere Seiten anzeigen, benutzen Sie das *Inhaltsverzeichnis*. Selbiges finden Sie im TinyMCE im Icon, welches verwirrenderweise auch den Namen *Seitenumbruch* trägt. Näheres dazu direkt vor diesem Icon.

7.2   Editor-Aussichten

Leider reicht der Platz in diesem *essential* nicht aus, um auf weitere Editoren einzugehen. Wer viel schreibt und vielleicht auch ein Redaktionsteam hat, kommt mit dem TinyMCE schnell an Grenzen oder zumindest zu umständlichen Wegen. Natürlich gibt es zahlreiche weitere Editoren, die einfach über den Joomla!-typischen Installationsweg aktiviert werden können. Erwähnenswert ist unbedingt der JCE[6]. Die Website ist zwar auf Englisch, aber es gibt auch eine deutsche Sprachdatei für den Editor.

Der JCE ist komplett kostenlos und bietet eine Fülle von Möglichkeiten. So können Sie beispielsweise verschiedene Profile anlegen und damit sehr individualisierte Editoren einzelnen Benutzern oder Benutzergruppen zuordnen. Dabei können Sie bei jedem Profil genau angeben, welche Icons sichtbar sind, welche Formate, Schriftarten und sogar Farben können ausgewählt werden. Sie können Verzeichnisse sperren und freigeben, festlegen, ob Bilder hochgeladen werden dürfen und vielerlei mehr. Für ein Redaktionssystem mit unterschiedlichen Rollen kann hier das Beitragschreiben sehr individualisiert werden.

Ich selber arbeite fast ausschließlich mit dem JCE und viele Profis, die ich kenne, benutzen ihn ebenso gern.

Neben dem JCE ist auch der ARK Editor[7] sehr interessant. Beim ARK haben Sie die Möglichkeit Vorlagen direkt und anschaulich einzubinden. Besonders

---

[6]https://www.joomlacontenteditor.net.

[7]https://arkextensions.com/products/ark-editor.

schön ist, dass Sie alle Formate direkt formatiert sehen. Die vielen CSS-Klassen-bezeichnungen, mit denen nur wenige vertraut sind, haben Sie auch im ARK – jedoch sind Sie dort formatiert angegeben und Sie sehen sofort, welche Auswirkung die Auswahl hat. Sie können auch den ARK personalisieren. Nicht so detailliert und umfangreich wie beim JCE, doch auch hier haben Sie einige Möglichkeiten.

Es gibt mehrere Varianten vom ARK. Neben einer kostenlosen Version, gibt es auch mehrere kostenpflichtige Versionen. Bei den kostenpflichtigen Versionen haben Sie unter anderem die Möglichkeit im Frontend (vorausgesetzt Sie sind mit entsprechender Berechtigung angemeldet), direkt in einen Beitrag zu klicken und ihn zu bearbeiten, ohne auf das Bearbeitungssymbol klicken zu müssen.

Was Sie aus diesem *essential* mitnehmen können

- Die Fähigkeit, Beiträge mit allem Drum und Dran in Ihre Website einzufügen, denn neben vielen anderen ist das Erzeugen von Beiträgen der Hauptpunkt eines Web Content Management Systems
- Ein Redaktionssystem aufzubauen und mit mehreren Autoren einen Workflow aufzubauen
- Sich im Menü besser zurechtzufinden
- Die vielfältigen Möglichkeiten von Joomla! zu erfassen

© Springer Fachmedien Wiesbaden GmbH 2017
A. Tüting, *Joomla! für Redakteure*, essentials,
DOI 10.1007/978-3-658-17512-2